Ralph Spychiger

Zielfindung

Ralph Spychiger

Zielfindung

Warum Sie ihre Ziele nicht erreichen

Trainerverlag

Cover image: www.ingimage.com

Publisher:
Der Trainerverlag
is a trademark of
Dodo Books Indian Ocean Ltd., member of the OmniScriptum S.R.L Publishing group
str. A.Russo 15, of. 61, Chisinau-2068, Republic of Moldova Europe
Printed at: see last page
ISBN: 978-620-0-76987-9

INHALT

- Nicht Dein Ziel 2
- Das Ziel weicht ab 2
- Das Ziel ist unrealistisch 2
- Das Ziel ist zu gross 3
- Deine Stärken nicht nutzen 3
- Du gibst zu früh auf 3
- Rückschläge nicht akzeptieren 3
- Fehlt die Zeit 4
- Selbstdisziplin 4
- Vorgehen 4
- Keine Unterstützung 5
- Die Wahrheit über die Regel: Die 5/15/80 Regel 15 - 13
- Gründe, warum die meisten Menschen ihre Ziele niemals erreichen 14 - 17
- Mein 5 Schritte-Zielsystem 18 - 25
- Ziele erreichen für Sport, Familien und Business 26 - 31
- Gewonnen wird im Kopf 32 – 55

Zielfindung

Bevor ich jetzt näher auf die Gründe eingehe, warum ein gesetztes Ziel nicht erreicht wird, gilt es zu definieren, was ein Ziel überhaupt ist:

Ein Ziel ist die Entscheidung eine bestimmte Situation oder ein konkretes Ergebnis zu einem festgelegten Zeitpunkt zu erreichen.

Ziele dienen deshalb auch als Wegweiser, zur Orientierung. Sie zeigen also, wo man hin will. Ob man nun die bestimmte Situation oder das konkrete Ergebnis zum festgelegten Zeitpunkt erreicht oder nicht, ist natürlich von vielen Faktoren abhängig.

Nehmen wir an, Sie haben sich ein konkretes Ziel gesetzt. Sie haben also definiert, **was genau** Sie **bis wann** erreichen wollen. Folgende Gründe können ausschlaggebend sein, warum Sie Ihr Ziel nicht erreichen:

Es ist nicht Ihr persönliches Ziel

Sie haben sich zwar ein Ziel gesetzt, aber es ist nicht Ihr persönliches Ziel. Vielmehr wurde es an Sie herangetragen.

Das kann die geforderte Umsatzsteigerung der Geschäftsleitung sein oder der Wunsch Ihres Partners, dass Sie etwas an Gewicht abnehmen. Es handelt sich also um ein „fremdes“ Ziel.

- Ein persönliches Ziel kennzeichnet sich dadurch, dass es aus Ihrem persönlichen Wunsch gewachsen ist.

Fehlt dieser Wunsch, fehlt meist auch die Motivation und Leidenschaft, das Ziel zu erreichen.

Das Ziel weicht von Ihren persönlichen Werten ab

Jeder Mensch hat sein eigenes Wertsystem, dass sich im Laufe seiner Entwicklung herangebildet hat. So legt der eine beispielsweise großen Wert auf Karriere und/oder materielle Werte, der andere kann damit überhaupt nichts anfangen.

Wenn Sie sich nun ein Ziel setzen, das von Ihrem eigenen Wertesystem abweicht, ist es weitaus schwieriger zu erreichen, als wenn es mit Ihren Werten konform geht.

Das Ziel ist unreal

Ich plädiere dafür, dass man sich durchaus auch große Ziele im Leben setzt. Aber diese sollten natürlich realistisch sein, im Sinne von möglich.

Wenn ich mir als Ziel setze, ein Instrument zu lernen, um dann innerhalb der nächsten zwei Jahre bei den Wiener Philharmonikern aufgenommen zu werden, dann ist das mit ziemlicher Sicherheit unmöglich, auch wenn ich noch so ein großes Talent wäre.

Oft stellt sich allerdings erst im Nachhinein heraus, dass ein gesetztes Ziel unrealistisch war, weil wir es selbst nicht besser beurteilen konnten.

Das Ziel ist zu gross

Ein großes Ziel stellt für viele eine erhebliche Herausforderung dar, die schließlich zum Scheitern führen kann. Denn ein großes Ziel birgt die Gefahr, dass wir den Überblick und damit die Motivation verlieren.

Wenn Sie hingegen das große Ziel auf viele kleine Ziele, auf Meilensteine herunterbrechen, so verliert es seinen „Schrecken".

Sie geben zu früh auf

Meiner Meinung nach ist das der häufigste Grund, warum ein Ziel nicht erreicht wird: frühzeitiges Kapitulieren. Natürlich macht es auch keinen Sinn, einem Ziel hinterherzurennen, wenn es offensichtlich zum Scheitern verurteilt ist.

Dennoch verlieren viele schon beim geringsten Widerstand das Ziel aus den Augen, oder auch dann, wenn sich der Erfolg nicht zum erwartenden Zeitpunkt einstellt.

Sie können Rückschläge nicht akzeptieren

Rückschläge sind es, die häufig zum frühzeitigen Aufgeben verleiten.

Sollten Sie auch dazu tendieren, machen Sie sich bewusst, dass kaum ein Ziel ohne Überwindung von Rückschlägen erreicht wird.

Wir lassen uns von dem Erfolg anderer auch gerne blenden. Sicher kennen Sie die eine oder andere bewundernswerte Person – bewundernswert auch deshalb, weil Sie sich vor Augen führen, was dieser Mensch bereits erreicht hat.

Wir sehen also den Status qou. Was aber alles dahintersteckt, die Beschwerden, die Rückschläge, dass diese Person auf dem Weg zum Erfolg schon öfter auf die Schnauze gefallen ist, der Aufwand und die Mühe, die schließlich zu dem geführt haben, was wir so bewundern – das sehen wir in der Regel nicht bzw. können wir gar nicht sehen.

Ihnen fehlt die Zeit

Jedes Ziel bedarf Zeit – das wird gerne übersehen. Ein Ziel ist schnell gesetzt, aber der Aufwand für die Umsetzung der einzelnen erforderlichen Schritte wird erstmal außer Acht gelassen.

Die Hektik des (Arbeits-)Alltages lässt dann aber kaum Luft und das Ziel bleibt bei einem Vorhaben.

Fehlende Selbstdisziplin

Nun gibt es Ziele, in denen steckt eine Menge an Leidenschaft. Diese gehen wir dann mit großer Motivation und Elan an, sodass wir förmlich ins Ziel getragen werden. Solche Ziele sind aber eher die Ausnahme.

Fehlen diese Leidenschaft und die Motivation, ist eine gehörige Portion Selbstdisziplin und eiserner Wille gefragt.

Ohne lässt sich das Ziel nur schwer erreichen. Übrigens: Auch Selbstdisziplin ist erlernbar:

Fehlende Struktur

Ein Ziel wird erreicht, indem Sie auf dem Weg einen Schritt nach dem anderen setzen. Auch wenn das vielleicht logisch klingen mag, so tut sich in der Praxis doch so mancher schwer mit dieser strukturierten Vorgangsweise.

Dieses planvolle Vorgehen erweist sich umso schwieriger, je mehr einzelne Schritte bis zum Ziel erforderlich sind. Verlieren Sie den Überblick über die folgenden erforderlichen Schritte bzw. Maßnahmen, entfernen Sie sich immer mehr von Ihrem Ziel. Damit das strukturierte Vorgehen leichter gelingt – hier ein Tipp:

» Mit dem Aktionsplan in Richtung Ziel

Sie suchen keine Unterstützung

Jedes Vorhaben lässt sich mit Unterstützung leichter umsetzen. Das gilt natürlich auch für Ziele. Es kann zwar auch eine Form der Motivation sein, wenn Sie es unbedingt alleine schaffen, es den anderen oder sich selbst beweisen wollen, aber einfacher wird es dadurch sicherlich nicht.

Diesen falschen Stolz kenne ich von mir selbst. Ich habe das Ziel dann zwar erreicht, aber es wäre mit Sicherheit viel einfacher und weniger aufwendig gewesen, hätte ich Unterstützung gesucht und angenommen.

Aus dem Scheitern kann etwas Grosses entstehen

Noch etwas möchte ich in diesem Zusammenhang loswerden: In unserer Gesellschaft wird das Scheitern, also beispielsweise das Nichterreichen eines Zieles, häufig negativ betrachtet. Man braucht nur einen Blick in die diversen Zeitschriften und Zeitungen werfen. Sehr schnell wird einer Person der Stempel des Misserfolgs aufgedrückt, ohne die Gründe für das Scheitern zu hinterfragen.

Denn ein Scheitern kristallisiert sich für die betroffene Person oft im Nachhinein auch als wertvolle Erfahrung heraus, aus der wiederum etwas Großes entstehen kann.

Die Wahrheit über die Regel: Die 5/15/80 Regel

- Erst wollte ich sie nicht wahrhaben...
- Sie ging gegen mein Weltbild.
- Sie ging gegen alles, was ich dachte, wie die Welt "sein sollte".
- Ich hab mich dagegen gewehrt. Hat alles nix gebracht.
- Die Wahrheit blieb.
- Und sie war hart.

Akzeptanz

- Und es dauerte einige Zeit, bis ich sie akzeptieren und dann damit leben konnte...
- Wovon spreche ich?
- Ich spreche von der 5/15/80 Regel.
- Und die besagt (und das gilt für jeden Bereich):

Niemals einigermassen und Erfolg

- 80% werden niemals etwas erreichen
- 15% werden einigermaßen Erfolg haben
- 5% werden Erfolg haben
- Und 1% von den letzten 5% sind die Top-Performer und werden richtig grossen Erfolg haben.

Hintergrund

Und der Rest versinkt entweder im Mittelmaß oder noch schlimmer, kriegt niemals etwas auf die Reihe.

Die Regel gilt

Und diese Regel gilt für jeden Bereich...

Finanzen, Beziehungen, persönliche Entwicklung....

Die Wahrheit

- - 80% der Leute werden niemals finanziell frei sein
- - 80% werden niemals den Partner haben, den sie gerne hätten
- - 80% werden niemals das Leben führen, wovon sie jeden Tag träumen...

Und obwohl ich's ungern sage, aber genauso verhält sich's auch in meinem Bereich…

80% der Leute werden niemals jene innere Freiheit und jene innere Stärke erlangen, die sie gerne hätten.

Antworten

Warum nicht?

Antwort:

Weil die Leute einfach NIX machen!

Sie konsumieren nur. Sie lesen und lesen (wenn überhaupt), drehen Däumchen, vergessen die Hälfte nach einer halben Stunde wieder und setzen nie etwas in die Praxis um.

Und so KANN sich natürlich nix verändern... geht ja gar nicht.

Aber Gott-sei-dank gibt's auch immer die 5% Action-Taker.

Jene Leute, die sich endlich mal aufraffen und Worten Taten folgen lassen...

Und genau für DIE (und in Wahrheit: NUR für DIE), arbeite ich jeden Tag…

Sich nicht selbst im Weg stehen

Du befindest dich auf der Erfolgsspur, doch stehen dir trotzdem noch zahlreiche Hürden im Weg.

Es ist durchaus möglich, dass du selbst die größte Hürde bist.

Wenn du deine Ziele erreichen möchtest und gleichzeitig ein erfülltes Leben führen möchtest, darfst du dir, bevor du mit irgendetwas anderem beginnst, nicht selbst im Weg stehen.

Höre damit auf, dich selbst aufzuhalten

Finde heraus, was dich im Leben aufhält. Frage dich, welche vorgefassten Meinungen und Gedanken dich davon abhalten, Sachen auf die Reihe zu bekommen. Sei absolut ehrlich mit dir und betrachte, was dich davon abhält, die Aufgaben nicht erfolgreich zu absolvieren.

Vielleicht befindest du dich vor einem bestimmten Fenster, wenn du arbeitest. Du gehst davon aus, dass es dein Umfeld ist, welches dich inspiriert, doch ertappst dich dabei, wie du beim Arbeiten an etwas anderes denkst und oft aus dem Fenster starrst. In diesem Fall handelt es sich ganz offensichtlich um ein negatives Verhaltensmuster.

Gib schlechte Angewohnheiten auf

Auch wenn eine Angewohnheit nicht unbedingt schlecht erscheint, kann sie dich trotzdem davon abhalten, Schritte einzuleiten, die dich vom Erreichen deines Zieles abhalten. Versuche Sachen ganz anders anzugehen und gestalte deinen Tagesablauf anders.

Auch nur kleine Veränderungen können deine Lebensweise verändern. Anstatt den Tag mit einer Tasse Kaffee zu beginnen, versuche es mit einem Glas eines Sportgetränks. Anstatt in den Pausen mit dem Handy zu spielen, machst du einen kurzen Spaziergang oder liest ein gutes Buch.

Sobald du dich an den Gedanken gewöhnt hast, dass du dich nun in deiner Persönlichkeit veränderst, indem du Änderungen am Tagesablauf vornimmst, ist es einfacher nach und nach größere bzw. später auch einschneidende Maßnahmen zu ergreifen, die dein Leben von Grund auf verändern.

Lasse dich von deinen Gefühlen leiten, ohne dass sich dich unter Kontrolle haben

Wenn du dich ängstlich oder unwürdig fühlst und an dir zweifelst, dann schreibe dies auf. Finde heraus, warum du dich gerade in dieser Situation so fühlst. Nachdem du die negative Emotion identifiziert hast, arbeitest du trotzdem an deinen Plänen weiter und lässt dich von den negativen Gefühlen nicht aufhalten.

Seine negativen Emotionen abzulegen, kann zu einer Tortur werden und wenn du darauf wartest, dass die negativen Gefühle einfach so verschwinden, wirst du in deinem Leben nie weiterkommen.

Sei ehrlich zu dir, wenn es um deine unbegründeten Ängste und Sorgen geht. Akzeptiere sie und gib dir selbst auch zu verstehen, dass du diese Ängste dein Leben nicht kontrollieren lassen darfst und sie dich auch nicht dahingehend beeinflussen dürfen, wie du Entscheidungen triffst.

Wenn du damit fortfährst dich im Leben weiterzuentwickeln, werden die positiven die negativen Gefühle bald übertünchen.

Achte nicht dauernd auf andere Menschen

Sich mit anderen Menschen zu vergleichen, bedeutet, dass man sich, in Bezug auf seine eigenen Leistungen, viel schlechter fühlt. Dein Selbstvertrauen wird so nur geschmälert und es fällt dir schwerer in der Zukunft Dinge wirklich zu erreichen.

Da jeder ein Individuum ist, ist es dir gegenüber nicht fair, dich mit anderen Menschen zu vergleichen und sich ständig einzureden, dass man an einem bestimmten Punkt im Leben, an derselben Stelle sein müsste wie jemand anderes.

Verabschiede dich von dem Gedanken der Perfektion

Perfekt zu sein, ist einfach nicht möglich. Du wirst beim Versuch perfekt zu sein scheitern und anschließend wieder scheitern.

Der Schlüssel zum Erfolg ist: Akzeptiere deine Fehler und merze sie aus!

Sobald du nämlich Misserfolge akzeptierst, wird dir der Gedanke es nicht zu schaffen kein Kopfzerbrechen mehr bereiten.

Sei nicht immer nett und sage zu allem JA und AMEN

Es ist zwar wichtig zu jedem freundlich zu sein, doch kannst du es nicht jedem recht machen. Brich dir nicht selbst das Genick, indem du es jedem recht machen möchtest und höre damit auf, dich für jede Kleinigkeit zu entschuldigen, für die du gar nichts kannst.

Fange an „Nein“ zu sagen. Vor allem dann, wenn die Bitte dir gegenüber unfair ist.

Gibt es Probleme, musst du sie gleich ansprechen. Probleme lösen sich nämlich nicht von alleine und wenn du nie etwas sagst, gibt es auch keine Garantie dafür, dass jemand anderes das Problem ansprechen wird.

Höre damit auf, dich ständig zu entschuldigen, sobald jemand wütend wird. Entschuldige dich nur dann, wenn du auch wirklich weißt, dass du einen Fehler begangen hast. Lasse dich nicht ohne Grund als den Bösewicht abstempeln.

Zaudere nicht

Anstatt dich ständig zu entschuldigen, solltest du lieber Fortschritte erzielen.

Es ist viel zu einfach sich einen Grund dafür auszudenken, warum man etwas verschieben könnte.

Doch eine Aufgabe solange nach hinten zu schieben wie nur möglich, hält dich davon ab, im Leben weiterzukommen.

Verstehe, warum du dich Motivierst

Viele Menschen lieben das Gefühl, dass sie etwas machen, das wirklich Sinn macht. Wenn ihnen die Aufgabe sinnlos erscheint, ist es von Haus aus schwierig diese zu bewerkstelligen.

Solltest du bei einer Aufgabe oder Entscheidung zaudern, frage dich, warum es wichtig ist, sie zu absolvieren bzw. zu treffen.

Ziehe in Betracht, was man vielleicht nicht geschafft hätte, wenn man sich die Aufgabe vorher nicht gut durchdacht hätte, oder welche Nachlässigkeiten dadurch wohl entstanden wären. Identifiziert man nämlich die Gründe dafür, warum man diese Aufgabe überhaupt macht oder machen sollte, verleiht man dem Ganzen erst Sinn.

Konzentrieren dich auf das gewünschte Ergebnis

Denke stets über das Ziel nach, das du erreichen möchtest. Wenn die Arbeit, die du machst, sich schwierig gestaltet oder auch banal ist, muss du dich trotzdem auf das Ziel fokussieren. Fixiert man sich auf etwas, was man unbedingt schaffen möchte, hilft dies dabei, die Schritte zum Erfolg leichter zu nehmen.

Sollte der erwartete Ausgang dich nicht motivieren oder kein positives Gefühl in dir hervorbringen, musst du den Weg auf dem du dich im Moment befindest überdenken. Frage dich, ob das Ziel, das du verfolgst, auch wirklich Verfolgens wert ist. Du wirst wahrscheinlich feststellen, dass du das Ziel ändern solltest und nicht die Art und Weise, wie du es erreichen möchtest.

Mache kleine Schritte in Richtung Ziel

Große Sprünge können beängstigend sein und wenn du sie vorher nicht richtig berechnest, kann daraus ein sehr negatives Ergebnis entstehen. Setze einen Fuß vor den anderen. Dies ist in emotionaler Hinsicht sinnvoll und gleichzeitig positiv.

Wenn es dein Ziel ist „den oder die Eine" zu finden, um mit ihm oder ihr eine gesunde und romantische Beziehung einzugehen, nimm einen kleinen Schritt und bitte einen guten Freund oder Freundin darum mit dir ein online Dating Profil anzulegen. Klappt es am Schluss nicht, hat man auch nicht viel verloren.

Gleiche, gemäss deinen Beobachtungen einen Plan an

Betrachte das Ergebnis jedes Schrittes und nimm Notizen. Egal, ob deine Erfahrung von Erfolg gekrönt war oder nicht, kannst du die Beobachtungen dafür hernehmen, um herauszufinden, wie dein nächster Schritt aussehen soll.

Vielleicht hast du bei deinem online Dating Profil niemanden gefunden der dir zusagst, oder das Treffen mit der Person, die du auf dieser Plattform kennengelernt hast, ging total in die Hose. Werte aus, was schiefgelaufen ist. Probiere eine andere Website aus. Vielleicht wird dir auch klar, dass du etwas ganz anderes ausprobieren musst, um deine große Liebe kennenzulernen. Gehe zum Beispiel zu einem Singletreff in deiner Nähe.

Halte Versprechen, die du dir selbst gemacht hast

Eine gute Selbstdisziplin ist essenziell. Wenn du dir ein Ziel setzt, musst du es auch verfolgen. Tust du dies nicht, fühlst du dich wahrscheinlich schlecht und das dadurch resultierende negative Selbstbild zieht dich nur weiter runter.

Denke darüber nach, wie toll du dich nach einem produktiven Tag fühlst. Anschließend denkst du daran, wie schlecht du dich fühlst, wenn du den Tag verplempert hättest.

Wenn du regelmäßig Fristen nicht einhältst und bei deinen Zielen nachlässig wirst, beginnst du schnell damit nicht mehr an dich zu glauben. Bleibst du aber gerade an dieser Stelle konzentriert, wird dir das für die Zukunft helfen und du bist in der Lage, gerade in diesen Situationen die Konzentration hoch zu halten.

Spende dir selbst für deinen Erfolg Applaus

Pausiere lange genug, damit du dir über deinen Erfolg im Klaren wirst. Normalerweise fixiert man sich nur auf seine Misserfolge. Doch in Wirklichkeit sollte man stets seine Erfolge feiern.

Stapelt man seinen Erfolg sukzessive aufeinander, gibt das dem Selbstbewusstsein einen enormen Schub. Wenn dein Selbstbewusstsein steigt, fördert das auch gleichzeitig deinen Wunsch immer besser zu werden.

Gründe, warum die meisten Menschen ihre Ziele niemals erreichen.

Dein Ziel muss groß sein. Riesengroß!

Warum?

Ganz einfach: Nur wenn dein Ziel riesengroß ist, motiviert es dich auch.

Überleg doch:

Was begeistert dich mehr?

1. Eine Woche Urlaub auf dem Campingplatz am Baggersee?
2. Oder 3 Wochen im 5-Sterne-Luxushotel auf den Malediven mit eigenem Whirlpool auf dem Dach?

Kleine Ziele erscheinen zwar auf den ersten Blick leichter erreichbar, aber sie begeistern uns nicht wirklich... Und wenn uns etwas nicht wirklich begeistert, dann gibt uns unser Körper nicht die nötige Energie dafür, unser Ziel auch zu erreichen.

Darum:

Mach dein Ziel groß. Mach es riesengroß. So, dass es dir jeden Tag Kraft und Energie gibt, wenn du daran denkst!

Glaubwürdigkeit

Wenn du dein Ziel innerlich für unerreichbar hältst, wie willst du es dann erreichen? Geht ja gar nicht! Darum lautet die erste und oberste Regel, dass du dir realistische Ziele steckst, die du auch erreichen kannst. Lass dich dabei jedoch nicht von Zweifeln oder negativen Leuten in deinem Umfeld runterziehen. Denn im Grunde kannst du ALLES erreichen, was du nur willst! Menschen waren auf dem Mond. Donald Trump ist Präsident... Hätte das vorher jemand für möglich gehalten? Wohl kaum...

Darum:

Mach dein Ziel realistisch und hör nicht auf das, was andere dir eintrichtern wollen. Denn wisse immer: Du kannst ALLES erreichen, WENN du es nur wirklich willst!

Bist du auf der richtigen Fährte?

Manchmal jagen wir falschen Zielen hinterher. Im ersten Moment denken wir zwar, sie würden uns glücklich machen, auf lange Zeit aber merken wir, motiviert uns das Ziel nicht richtig. Und was dann passiert, ist eh klar:

Es wird mit jedem Tag und mit jeder Aktion zäher und anstrengender, dem Ziel entgegenzuarbeiten.

Auch hier, denk nochmal zurück an deinen Urlaub:

War die Planung (oder die Ausführung) dafür anstrengend oder stressig?

Wohl eher nicht. Denn es hat dir SPASS gemacht, genau diesem Ziel entgegenzuarbeiten und deinen Urlaub zu planen.

Und das ist die Erkenntnis des Tages:

Dein Ziel muss dir Spaß machen!!! Es muss dir Energie geben und dich glücklich machen. Erst wenn du ein solches Ziel hast, gibt dir dein Körper und dein Geist auch die volle Energie, um mit maximalem Tatendrang (und vor allem auch LANGFRISTIG) ans Werk zu gehen. Deine Zweifel sind nur Illusionen

Ein weiteres großes (Problem):

Du denkst an dein Ziel, du bist top motiviert. Jetzt willst du endlich loslegen. Und dann... ZACK... überfallen sie dich.Die Zweifel. Die 1.000 Wenn und Aber. Plötzlich fallen dir im Sekundentakt Dinge ein, die schief gehen könnten.
Die Angst überfällt dich, du bist blockiert und kommst deshalb nicht ins Handeln. Und dementsprechend erreichst du auch nicht deine Ziele...
Ich persönlich bin fest davon überzeugt, dass 90% aller Menschen ihre Ziele genau deshalb nicht erreichen:
Die Angst blockiert sie und darum kommen sie nicht in Aktion!
Dabei sind all die Zweifel in deinem Kopf in den allermeisten Fällen reine Illusion. Wusstest du, dass 90% von den Dingen, vor denen wir so viel Angst haben oder die uns Kopfzerbrechen machen, niemals eintreten? Und die restlichen 10% sind oft viel weniger dramatisch als in unserer Fantasie?

Darum:

Lass deine Zweifel hinter dir und FANG einfach mal an, deinem Ziel entgegenzuarbeiten. Du wirst sehen, sobald du den ersten Schritt gemacht hast, kommt der Rest wie von alleine!

Eine bunte Sammlung diverser Ängste

Es gibt so viele kleine, große und mittlere Ängste, die man haben kann, dass ich hier nur ein paar Beispiele aufzählen will:

- Angst vor Veränderung
- Angst davor,was andere über dich denken könnten
- Angst, dass es zu anstrengend wird
- Angst, andere zu enttäuschen
- Angst, dich selber zu enttäuschen
- Angst vor dem Unbekannten
- Angst vor falschen Entscheidungen
- Angst, für egoistisch gehalten werden
- und so weiter...

All diese Ängste können dich davon abhalten, deine Ziele zu erreichen. Dabei existieren sie am Ende immer nur in deinem Kopf!
Die Lösung hierfür lautet:
Lass deine Ängste hinter dir und geh deinen Zielen mutig entgegen! Wie genau man das macht, hab ich in diesem Artikel beschrieben: 3 Tipps, um deine Ängste zu überwinden.

Ein weiser Mann hat einmal gesagt:
Wirf deine Angst ab, verlass dich auf deine inneren Hilfsquellen, vertraue dem Leben, und es wird dir's vergelten. Du vermagst mehr als du denkst.

Vorsicht vor zu viel Enthusiasmus:

Manchmal begeistern uns Ziele so sehr, dass wir sofort loslegen wollen. Nicht so viel nachdenken, einfach mal machen. Und so stürzen wir los... Aber ohne einen guten Plan, kommen wir meistens nicht besonders weit. Wir wissen gar nicht richtig, wo wir eigentlich anfangen sollen oder wie es nach dem ersten Schritt weitergeht. Oder uns geht schnell die Energie aus, weil wir zu viel auf einmal wollen...
Und dann sind wir enttäuscht und geben vorschnell auf.
Eine ganz wichtige Komponente beim Ziele erreichen ist es daher, einen konkreten Plan anzufertigen, wie du dein Ziel erreichen willst. Mehr dazu, im nächsten Abschnitt...

So, jetzt hast du einige Hindernisse kennengelernt, die die meisten Leute davon abhalten, ihre Ziele zu erreichen und ihr Traumleben zu leben...
"Ja danke".... denkst du jetzt wahrscheinlich gerade...
Jetzt weiß ich zwar, was mich alles hindert, aber wie zur Hölle macht man es denn nun richtig?

Mein 5 Schritte-Zielsystem: Wie du in 5 kleinen Schritten jedes noch so große Ziel erreichst!

1. Bring dein Ziel auf die richtige Begeisterungsgröße

Wie schon gesagt – umso größer dein Ziel, desto motivierender.
Wenn du also dein Ziel bereits gefunden hast, es dich aber noch nicht zum Handeln bringt, dann denk darüber nach, was dich NOCH MEHR begeistern würde.
Dabei darfst du gerne verrückte Ideen haben. Lass deiner Fantasie freien Lauf. Und der Gedanke „das geht doch gar nicht" ist dabei streng verboten!

Nimm dir ein Beispiel an Kindern:

Die wollen Astronaut werden. Oder Cowboy. Oder Prinzessin… jedenfalls nicht Steuerfachangestellte! Und Kinder wollen auch kein Meerschweinchen, sondern ein Pferd. Ach, was sag ich da… Ein EINHORN!
Merkst du den Unterschied? Spürst du, wie viel mehr Kraft dir ein richtig fettes Ziel gibt?
Perfekt.

Dann auf zum nächsten Schritt:

2. So fühlst du jeden Tag den Erfolg

Nimm dir einen Stift und ein Blatt Papier zur Hand.
Dann male ein Bild von deiner Wunschzukunft. So, wie dein Leben einmal aussehen soll…
Male dich in deinem Haus, mit deinem Auto, deiner Traumfrau oder dem Beruf deiner Träume. Das muss nicht künstlerisch wertvoll sein. Hauptsache nur, du visualisierst dir damit dein Ziel, das du erreichen willst,…

Tipp:

Alternativ kannst du auch Bilder im Internet suchen und ausdrucken und aufkleben. Man nennt das dann auch ein “Visionboard”.
Das hängst du dann so auf, dass du es jeden Tag siehst. Mein Visionboard zum Beispiel hängt direkt an der Tür von meinem Kleiderschrank und so sehe ich es jeden Morgen beim Aufstehen

Als nächstes, besorg dir noch ein Notizbuch. Setz dich mit einer Tasse Tee hin und schreib dir auf, WO du in der Zukunft hinwillst:

- Was willst du in finanzieller Sicht erreichen?
- Wo willst du in 5 Jahren von jetzt anstehen?
- Wie sieht deine perfekte Beziehung aus?
- Welches Auto willst du fahren?
- Und so weiter…

Beachte beim Aufschreiben unbedingt diese 3 Regeln:

1. Schreib nicht, was du NICHT haben willst, sondern das, was du stattdessen haben willst.
   Beispiel:
   Ich will nicht mehr jeden Tag bis 22 Uhr im Büro sitzen. – FALSCH
   Ich bin jeden Tag um 5 Zuhause, freitags schon um 2. – RICHTIG
2. Sei so konkret wie möglich. Du willst ein Haus? Was für ein Haus? Bungalow oder Stadtvilla? Welche Farbe? Wie viele Quadratmeter? Wie viele Zimmer? Zwei Bäder oder acht? …

3. Schreib so, als wäre es schon WAHR. Schreibe nicht ich wünsche mir… oder eines Tages hätte ich gern…, sondern Ich habe … beziehungsweise Ich bin…

Datiere dazu deine Einträge einfach 5 oder 10 Jahre in die Zukunft. Dann fühlt es sich für dich glaubwürdiger an.
Wenn du deine Ziele aufgeschrieben hast, dann visualisier sie dir:

1. Mach die Augen zu und nimm einen tiefen Atemzug
2. Stell dir dann dein Ziel lebhaft vor, in all seinen Details und Farben…
3. Und dann SPÜRE, wie sich das anfühlt, dein Ziel erreicht zu haben!

Mach das am besten jeden Tag für mindestens 10 Minuten. Am besten gleich morgens. Das gibt dir sofort einen positiven Kick in den Tag und wird dir enorm dabei helfen, mit Energie und voller Enthusiasmus deine Ziele anzupacken und sie schlussendlich auch zu erreichen.

3. Mehr Motivation durch die Etappen-Technik

Große Ziele erscheinen uns oft unerreichbar.

Die Lösung dafür: Viele kleine Teilziele.

Geh dazu wie folgt vor:

1. Überlege dir zunächst, wann du das Endziel erreicht haben willst
   Sei dabei möglichst realistisch. Ein eigenes Unternehmen mit 1 Million Euro Umsatz im Jahr hast du wahrscheinlich nicht in einem Jahr aufgebaut. Aber in 5 Jahren vielleicht. Oder in 10. Wichtig ist, dass du es selbst für realistisch hältst. Denn wie gesagt – nur wenn du daran GLAUBST, kannst du es auch erreichen.

2. Dann leg einzelne Etappen fest
   Was willst du in einem Jahr erreicht haben? Was in einem Monat? Was bis nächste Woche? Auf diese Weise hast du einen konkreten Plan, nach dem du vorgehen kannst. Und du hast immer wieder Erfolgserlebnisse, die dich motivieren.

Mein Geheimtipp an dieser Stelle:

Wenn es dir schwerfällt, die ersten Schritte zu finden, fang einfach von hinten an. Was ist der LETZTE Schritt zu deinem Ziel? Welcher kommt davor? So gehst du alle Schritte rückwärts durch, bis du in der Gegenwart angekommen bist!

4. So löst du Ängste und Zweifel mit Leichtigkeit auf.

Das größte Hindernis auf dem Weg zum Erfolg sind Ängste, Sorgen und Zweifel. Denn sie verhindern, dass du handelst.

- Wenn du Angst hast, mit deiner Geschäftsidee zu scheitern, wirst du dich nicht selbständig machen.
- Wenn du Angst hast, von deiner Traumfrau einen Korb zu kriegen, wirst du sie nicht ansprechen.

Aber merkst du, was du da machst?

Du stellst dir vor, was alles SCHLIMMES passieren kann. Damit erzeugst du negative Bilder in deinem Kopf, die dich total blockieren. Nicht gut. Gar nicht gut!

Aber hier kommt die positive Nachricht: Du kannst das Ändern und zu deinem Vorteil nutzen! Denn genauso wie du dir negative Situationen ausdenken kannst, kannst du dir auch positive Bilder erschaffen!

Und das machst du wie folgt:

Achte zunächst bewusst auf deine Gedanken. Wann immer du merkst, dass du dir Sorgen machst, frag dich, was du gerade gedacht hast. Vermutlich war es etwas Negatives. Ärgere dich nicht darüber, dass du gerade negativ gedacht hast, sondern nimm diesen Gedanken an und sieh ihn als Chance. Denn jetzt kannst du ihn verwandeln. Stell dir nun die gleiche Situation in der positiven Variante vor.

Was wäre die perfekte Lösung? Was würde geschehen, wenn alles optimal läuft?
Jedes Mal, wenn du einen negativen Gedanken durch die positive Alternative ersetzt, verschwinden deine Ängste. Und mit der Zeit wirst du dir immer seltener Sorgen machen und immer noch mehr positive Bilder in deinem Kopf erzeugen!

4. Schritt für Schritt zum Ziel – So geht's

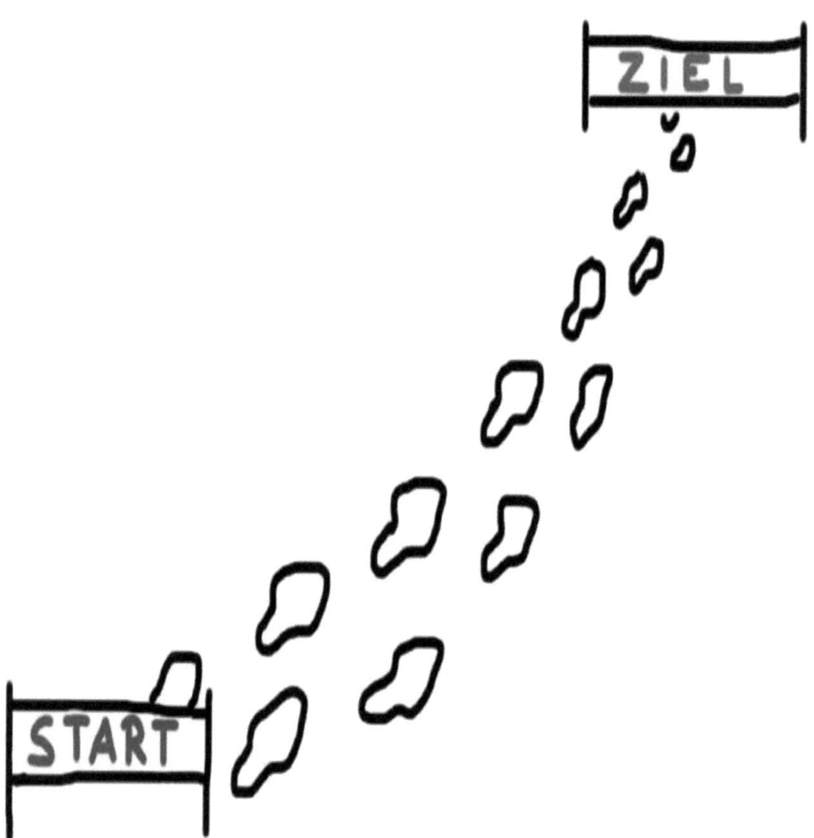

So. Jetzt geht's endlich los.

Was du jetzt machst, ist folgendes:

Du nimmst dir dein Ziel her und überlegst dir den ersten Schritt. Und dann gehst du ihn. NOCH HEUTE! Das machst du von jetzt an jeden Tag. Du gehst deinem Ziel einfach täglich Schritt für Schritt entgegen.

Einen mini Schritt nach dem anderen. Ganz in deinem Tempo.

„WIE JETZT?“ fragst du. „DAS soll das Geheimnis sein, um meine Ziele zu erreichen? Ich gehe einfach Schritt für Schritt jeden Tag ein bisschen näher zu meinem Ziel?“

Antwort:

JA mein Freund, genau SO ist es! Wie denn sonst, willst du jemals deine Ziele erreichen?
Abwarten und Däumchen drehen bringt dich nicht weiter. Nur Aktion verändert etwas und katapultiert dich nach vorne. Und genau das ist das Geheimnis erfolgreicher Menschen: Sie kommen in Aktion und gehen jeden Tag Schritt für Schritt ihren Träumen entgegen.

Darum:

Setz dich in Bewegung! Fang an! Und leg noch HEUTE damit los, deine Träume in Realitäten zu verwandeln.

Ziele erreichen für Sport, Familien und Business

Ziele, Gründe und Hürden

Motivation

Jeder Anfang ist schwer! Oft scheint ein Weg anfangs unmöglich. Man will zwar etwas erreichen, findet den Weg dahin dann aber zu mühsam und zu steinig und dreht lieber wieder um – in der Hoffnung auf dem alten dem leichteren dem „normalen“ Weg zum Ziel zu kommen.

Doch wenn man ehrlich ist, weiss man selbst, das dieses Ziel auf dem einfachen Weg nicht zu erreichen ist. Um diesen beschwerlichen Weg also gehen, und vor allem durchstehen zu können, braucht man eine tiefe, echte, ehrliche innerliche Motivation.

Eine Motivation, die einen zu Höchstleistungen antreibt, die einem zur Seite steht, wenn mal etwas nicht gerade funktioniert und die einem auch in höchster Not nicht verzweifeln und aufgeben lässt!

Krisenmanagement

Wie schon erwähnt, liegt Erfolg und Misserfolg oft sehr nah beieinander. Der Mensch ist sich aber in den wenigsten Fällen eines Fehlers bewusst.

Diese Situation ist für den betroffenen Menschen ohnmächtig; denn er weiss nicht mehr, warum es gut oder schlecht ist.
Oft führen schon kleine Unregelmässigkeiten zu diesem Zustand. Richtig ist, dass der Mensch in eine Stresssituation gerät, welche er nicht sofort erkennt oder überhaupt nicht wahrnimmt.

Zu lange wird der Fehler falsch analysiert und somit werden falsche Massnahmen getroffen.

Was ist Stress? (Beispiel im Sport)

Stress ist eine Situation, welche während eines Wettkampfes sehr rasch und häufig vorkommt. Für den Wettkämpfer ist es schwer, diese Tatsache zu erkennen.

Wichtig ist es nun zu wissen, was der Stress einerseits in unserem Körper bewirkt und anderseits, was dazu führen kann. Ist eine Stresssituation eingetroffen, so wird der Mensch sofort nicht mehr in der Lage sein, eine richtige Bauchatmung sicherzustellen; denn je höher der Stressgrad umso mehr atmet der Mensch immer weiter oben.

Atemtechnik!

Training verlangt Ruhe und Konzentration. Insbesondere die Atemtechnik beim „Menschen" ist eines der wichtigsten Elemente und sollte von Anfang an in das Training einbezogen werden.

Gründe für eine gute Atemtechnik sind unter anderem die Regulation des Erregungszustands, der eine optimale Lage für das Training schafft, zum anderem verhindert sie ein Sauertstoffdefizit.

Übungen zu Brust und Bauchatmung

Bei den Atemübungen gibt es unterschiedliche Ansätze, unter anderem auch die typische Bauchatmung zu verstehen.
Eine andere Möglichkeit ist die Beobachtung der Atmung (Ein- und Ausströmen der Luft) im Ruhezustand (sitzend, stehend).

Fragen wie z. "Welche Muskeln werden an- und entspannt?" oder auch Fragen über das Atemverhalten in verschiedenen Lebenssituationen sollten dabei beantwortet werden.

Weitere Übungen sind das bewusste Erlernen der Bauchatmung sowie das Aktivieren der Brustatmung; dabei wird bewusst über den Brustkorb geatmet.

Wechselatmung

Nachdem die Unterschiede von Brust- und Bauchatmung verinnerlicht wurden, kann die Wechselatmung erlernt werden, welche eine sehr entspannte Atemtechnik ist. Für diese Übung sollte immer nur durch ein Nasenloch ein- bzw. ausatmen.

Mit dem Daumen wird eines der Nasenlöcher (z. B. das rechte Nasenloch) zugehalten. Während das rechte Nasenloch zugehalten wird, wird durch das linke Nasenloch ausgeatmet (ca. 4 Sekunden).

Dabei sollte darauf geachtet werden, dass die Ausatmung betont wird und der Bauch nach vorne geht.

Darf man täglich an den Zielen arbeiten?

Wer trainiert, wird schneller, folglich wird derjenige noch schneller, der mehr trainiert. Oder etwa nicht? Wie viel Training verkraftet ein Mensch? Kann man täglich trainieren oder ist das schon zuviel des Guten?

Fakt ist: Wer sich nicht bewegt, verbessert sich nicht, sondern baut ab. Unser Körper braucht die Bewegung, damit er reibungslos funktionieren kann. Früher haben die Menschen täglich auf dem Feld geackert oder waren auf der Jagd.

Trainingspensum (Sport, Business)

Gegen tägliche Bewegung gibt es also grundsätzlich nichts auszusetzen. Es kommt aber auf das wöchentliche Trainingspensum an.
Wer erfolgreich sein möchte, braucht einen Mix aus Be- und Entlastung.

Durch Training fordern wir unseren Körper heraus und bringen ihn dazu, sich anzupassen. Dafür ist aber ausreichend Zeit zur Regeneration nötig. Trainiert man hingegen zu oft und zu hart, kann sich der Körper nicht mehr ausreichend erholen und baut ab statt auf.

Hier sind typische Trainingsfehler

Zu intensives Training sein Ziel zu erreichen!

Vor allem bei Einsteigern ist häufig zu beobachten, dass diese sich überfordern. Wer immer an seine Leistungsgrenze geht, gerät aber schnell ins Übertraining.

Dann zeigt die Formkurve nach unten statt nach oben. Es droht dann eine böse Überraschung. Etwa 1-2 intensive Einheiten pro Woche reichen für Anfänger aus, mehr kann der Körper kaum verarbeiten.

Zu wenig Erholung

Pause ist eine der besten Trainingseinheiten, denn der Körper braucht Zeit, um sich an die gesetzten Reize anzupassen.

Gönnt man sich zu wenig Erholung, wirkt sich das negativ auf den Körper aus.

Zu lange Einheiten

Gerade bei Sportler kann das Training zur Sucht werden. Statt zielgerichtet auf einen Wettkampf oder Ziel hinzuarbeiten, wird das Trainieren zum Selbstzweck. Länger und weiter wird umgesetzt.

Dabei werden selbst beim Training für die Menschen irgendwann Grenzen erreicht, an denen ein Ausweiten der Trainingsdauer keinen Nutzen mehr bringt. Weniger ist manchmal eben doch mehr.

Zu schlechte Ernährung

Selbst der schnellste Sportwagen bleibt liegen, wenn Sie den falschen Treibstoff in den Tank füllen.

Genauso verhält es sich mit Ihrem Körper. Basis sollte eine ausgewogene und vitalstoffreiche Ernährung mit frischen Lebensmitteln sein, die Sie selber zubereiten.

Damit können Sie kaum etwas falsch machen.

Zu Profilastig

Ein beliebtes Thema in Magazinen sind die Pläne der Profis. Daran orientieren sich viele Menschen, ohne sich darüber Gedanken zu machen, ob der eigene Körper das überhaupt aushält.

Das Leben eines Profis besteht aber nicht nur aus den harten Einheiten, sondern auch aus viel Erholungszeit, um diese auch zu kompensieren.

Die Lieblingseinheiten von Berufssportlern sind daher als Anregung ganz nett, sollten aber immer kritisch betrachtet und auf das eigene Leistungsvermögen runtergebrochen werden, wenn man sich daran unbedingt orientieren möchte.

Zu unregelmässiges Training

Einheit kann man nicht mal eben nachholen. Sollten Sie immer wieder durch Ihren Job, Krankheit, Verletzung oder eine andere unvorhergesehene Sache aus dem Rhythmus gebracht werden.

Kleine Rückschläge gibt es allerdings immer und sollten in der Planung berücksichtigt werden. Eine verlorene Woche ist im Ausdauertraining kein Beinbruch, viel schwerwiegender ist es, wenn man einen Ironman plant, aber aus beruflichen Gründen kaum trainieren kann.

Mit 1-2 Kurzdistanzen wäre man da sicherlich besser beraten.

Gewonnen wird im Kopf!

Wie wir unser Leben gestalten

in **Bildern**

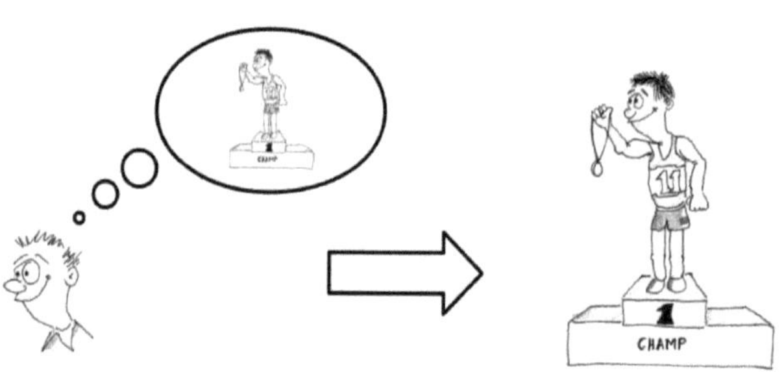

Ein Bild sagt mehr als tausend Worte.“

In der modernen Psychologie geht man heute davon aus, dass ca. 80% all dessen, was in unserem Kopf läuft, in Bildern läuft. Deshalb arbeiten auch alle Gedächtnistechniken mit Bildern.

Das Gesetz der Anziehung, Mentaltraining, Visualisierungen oder Bestellungen beim Universum sind Themen, mit denen sich zahllose Menschen beschäftigen. Zu Recht – denn sie ermöglichen uns, unser Leben mehr und mehr so zu gestalten, wie wir es haben wollen.

Der einzige Grund, warum du irgend etwas sein, tun oder haben willst, ist, weil du glaubst, dass du dich dann gut fühlst!

Überprüfe es:

- Warum willst du eine bestimmte Figur oder Gewicht?
- Weil du dich dann gut fühlst!
- Warum willst du eine bestimmte Menge Geld?
- Weil du dich dann gut fühlst!
- Warum willst du eine tolle Partnerschaf?
- Weil du dich dann gut fühlst!
- Warum willst du einen gesunden Körper?

Weil du dich dann gut fühlst!

- Wenn du dich JETZT schon gut fühlst, erreichst du alle diese Ziele wie von alleine!
- Und außerdem:
- Wenn du dich jetzt schon gut fühlst, hast du das letztendliche Ziel ja schon erreicht – auch ohne die Vollendung der Wünsche!

Frage:

- Wie fühlst du dich jetzt?

(Denn es gibt nichts Wichtigeres, als sich gut zu fühlen!)

Du entscheidest:

Du entscheidest, was du denkst! Sonst niemand!

Natürlich haben die äußeren Umstände einen Einfluss, aber was du denkst, entscheidest nur du!

Durch Gedanken entstehen Gefühle!
Aber **erst** der Gedanke - **dann** das Gefühl!

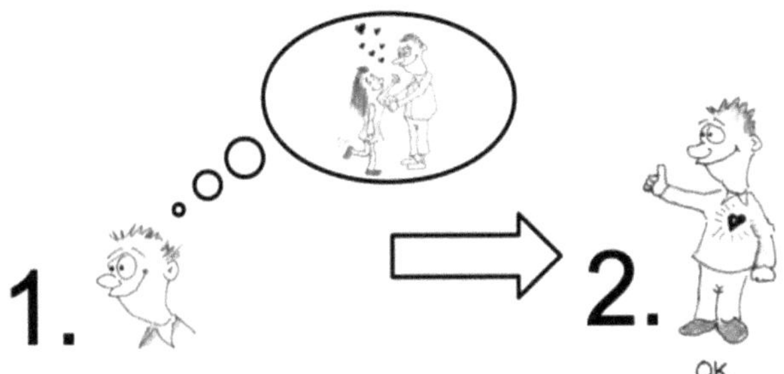

Jedes positive Gefühl zeigt dir: Richtung stimmt!
Jedes negative Gefühl zeigt dir: Richtung falsch!

Richtig und falsch sind also nur Hinweise, ob die **Richt**ung stimmt.

Negatives wird durch deine Aufmerksamkeit nur noch negativer!

Positives wird durch deine Aufmerksamkeit noch positiver!

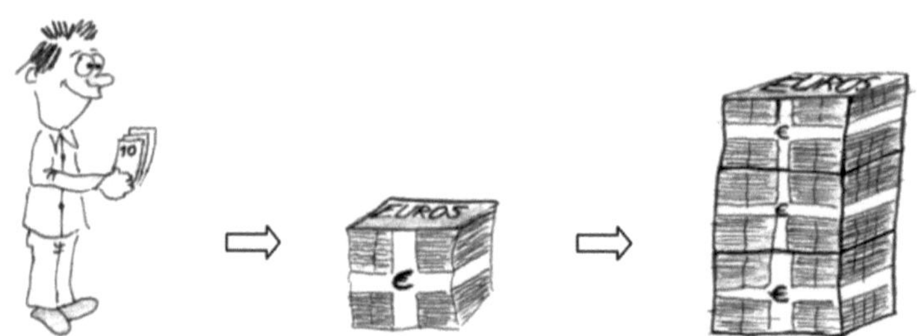

Denn:
Wo meine Aufmerksamkeit ist, da komme ich hin!

Tu nur etwas, wenn du ein GUTES Gefühl hast.

Sobald und solange du dich schlecht fühlst, erreichst du dein Ziel nicht. Du läufst sogar in die andere Richtung!
Auch wenn du das Gleiche tust!

Deshalb:
Werde glücklich und DANN iss (oder ...)!
(in dieser Reihenfolge)
Und glücklich sein kannst du, wenn du an Dinge denkst, die dich glücklich machen.

Um ein positives Ziel zu erreichen, brauchst du ein positives Gefühl!

Wenn du dich schlecht fühlst, läufst du in die falsche Richtung! Egal weswegen du dich schlecht fühlst!

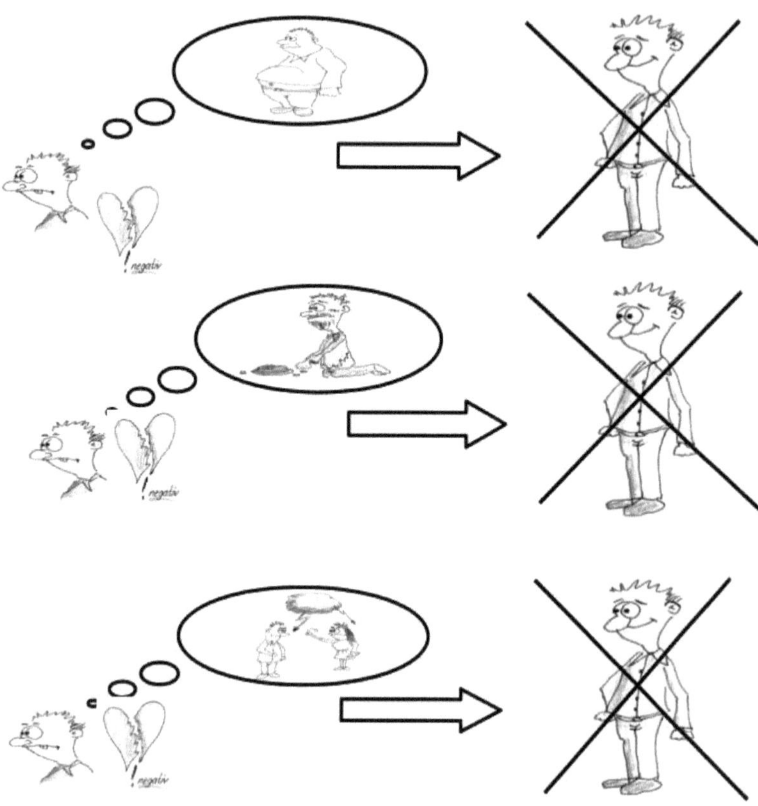

Das gilt für alle Arten von negativen Gefühlen!
Auch für:

- Schuldgefühle
- Enttäuschung
- Wut
- Ärger
- Zorn
- beleidigt sein
- Verachtung
- Missbilligung
- Eifersucht
- etc.

Aber:
DU entscheidest, was du denkst und somit fühlst!

Frage:
Wie fühlst du dich jetzt?
(Denn es gibt nichts Wichtigeres, als sich gut zu fühlen!)

Stell dir vor, wir hätten im Bauch eine **Gefühlsskala**.

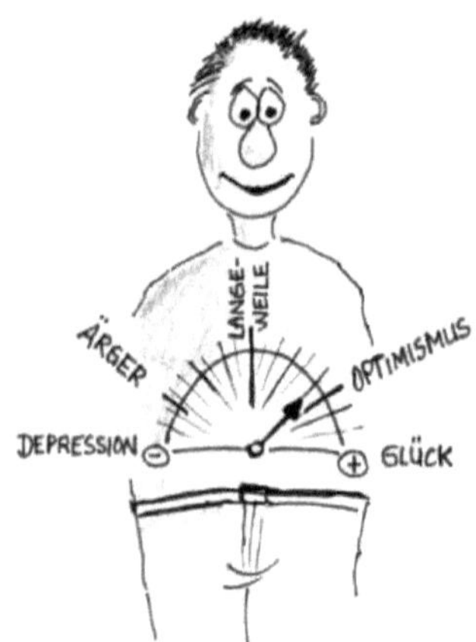

Wir können nicht von ganz negativ in einem Schritt auf ganz positiv kommen.

Such dir einen Gedanken, der sich besser anfühlt als der letzte.
Und dann den Nächsten!
Und dann den Nächsten!
Und dann ...

Das bringt dir **Erleichterung**!

Alte Suggestionen und Glaubenssätze behindern dich oft beim Erreichen deiner Ziele.

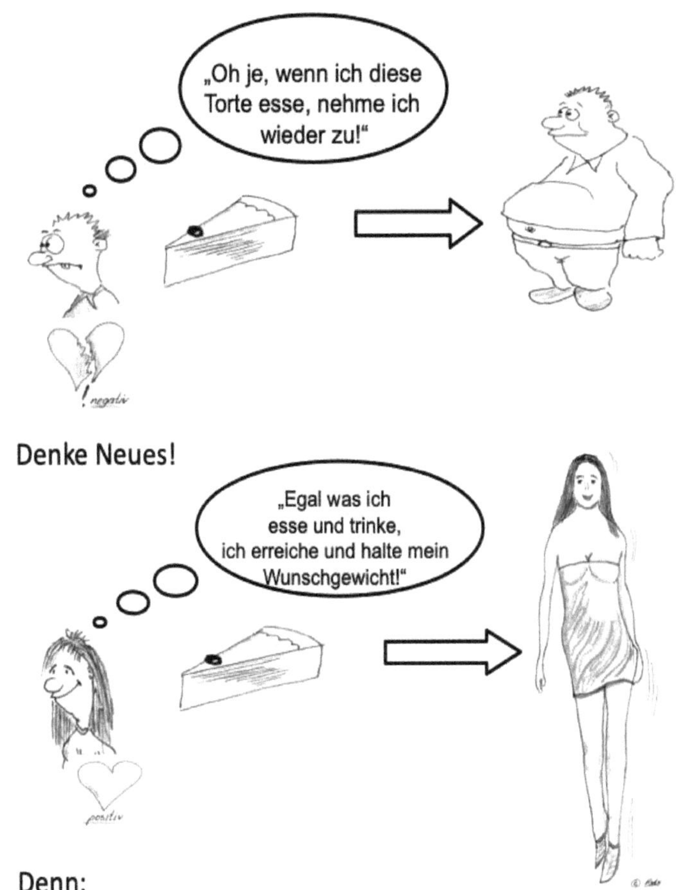

Denke Neues!

Denn:
DU bist der Einzige, der entscheidet was du denkst!

Andere negative Glaubenssätze, die dich hindern, dein Ziel „Schlank sein" zu erreichen und das Gegenmittel:

Glaube versetzt Berge!

Was aber, wenn du nicht daran glaubst, dass du dein Ziel erreichen kannst?

„Das schaffe ich eh nicht!"

Wir lernen auf 2 Wegen:

1. Häufige Wiederholung 

2. Mit viel Gefühl

oder

Wenn wir etwas Neues lernen wollen, müssen wir es also nur oft genug und/oder mit viel Gefühl denken!

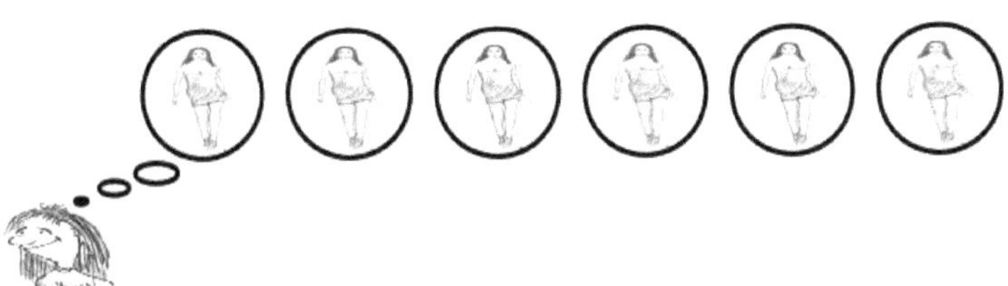

Also alles eine Frage des Dranbleibens!
Und wenn du es gelernt hast, wenn es in deinem Unterbewusstsein verankert ist, dann GLAUBST du es!
Und dann versetzt auch dieser Glaube Berge!

Denn:

Ein Glaube ist nur ein Gedanke, den du immer wieder denkst!

Die **Meinung anderer** ist für dich absolut UNWICHTIG!

Einzig was DU denkst und somit fühlst ist wichtig!
Wähle DEN Weg, der sich für DICH gut anfühlt!

Wenn du abnehmen willst:
Schaffe dir eine **positive Beziehung** zu Nahrung!

Wenn du reich werden willst:
Schaffe dir eine positive Beziehung zu Geld!

Wenn du eine tolle Partnerschaft willst:
Schaffe dir eine positive Beziehung zu deinem Partner/potenziellem Partner!

Wo ist dein Fokus, deine **Aufmerksamkeit**?

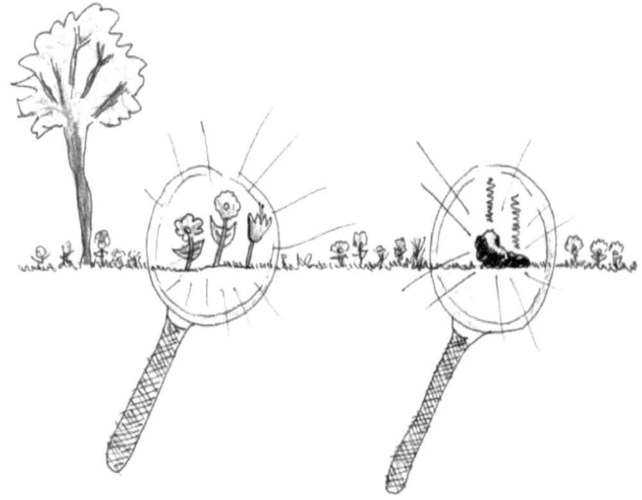

Es gibt immer Positives und Negatives.

Aber Achtung:
Wo deine Aufmerksamkeit ist, da kommst du hin!

Du kommst dorthin, egal, wo deine Aufmerksamkeit ist! Ob ...
... in der Vergangenheit

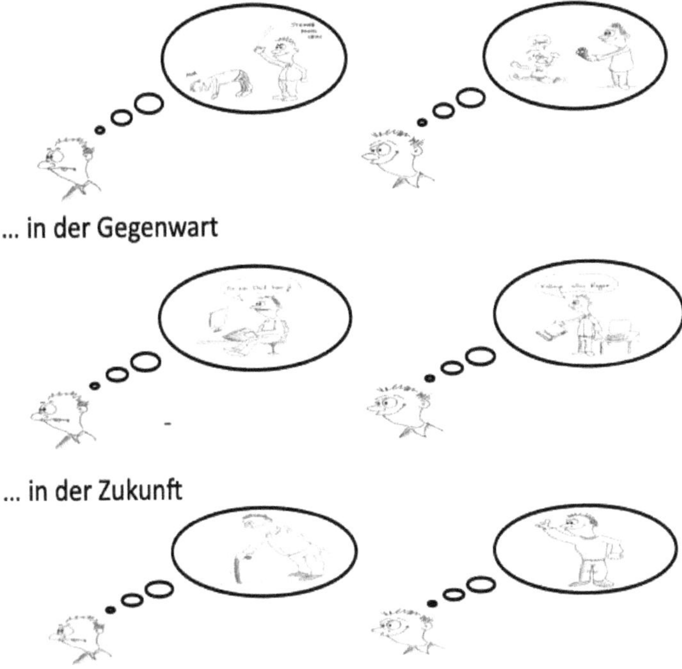

... in der Gegenwart

... in der Zukunft

Drum:
Halte deine Aufmerksamkeit auf dem, was du auch (wieder) haben willst!
Denn: Die Vergangenheit ist vorüber – lebe und fühle **jetzt**!

Frage:
Wie fühlst du dich jetzt?
(Denn es gibt nichts Wichtigeres, als sich gut zu fühlen!)

Dein Körper reagiert mehr auf dein Selbstbild als auf deine **Handlungen**!

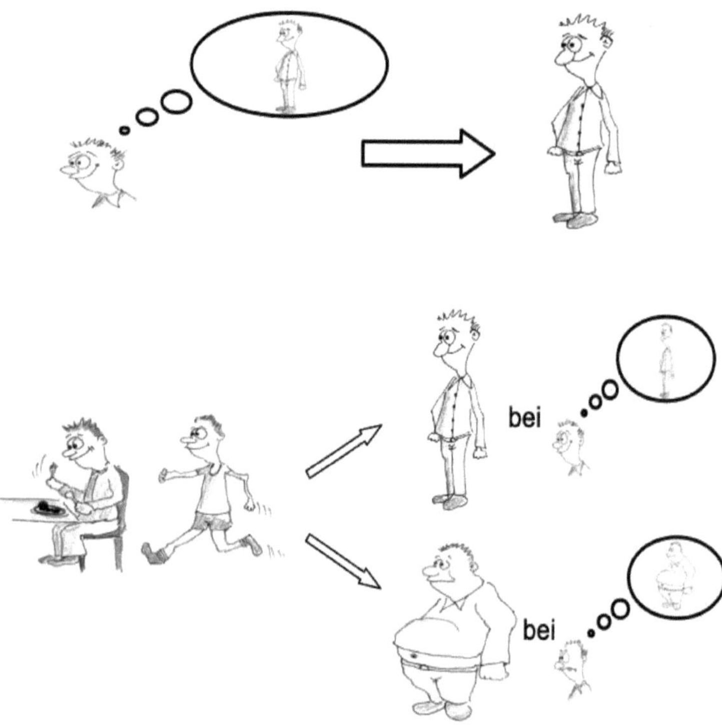

Handlungen sind nicht zwecklos. Sie helfen dir, ein positives Selbstbild zu entwickeln.

Deshalb:
Wenn du glaubst, dass Joggen beim Abnehmen hilft, dann jogge.
Denn dadurch entwickelst du das Bild „Schlank“.

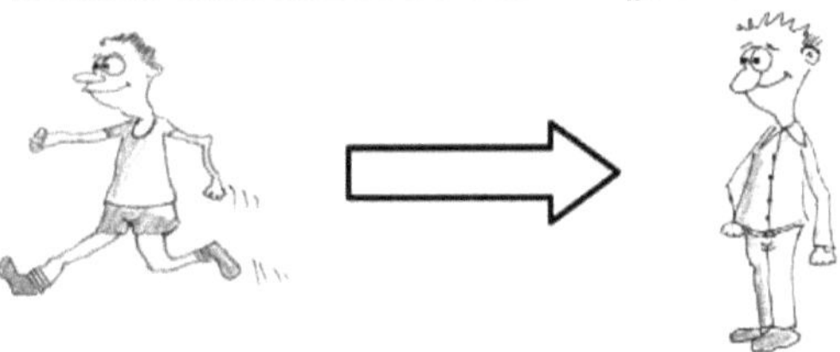

Wenn du glaubst, dass kleine Geschenke gut für eine harmonische Partnerschaft sind, dann schenke.
Denn dadurch entwickelst du das Bild „harmonische Partnerschaft“.

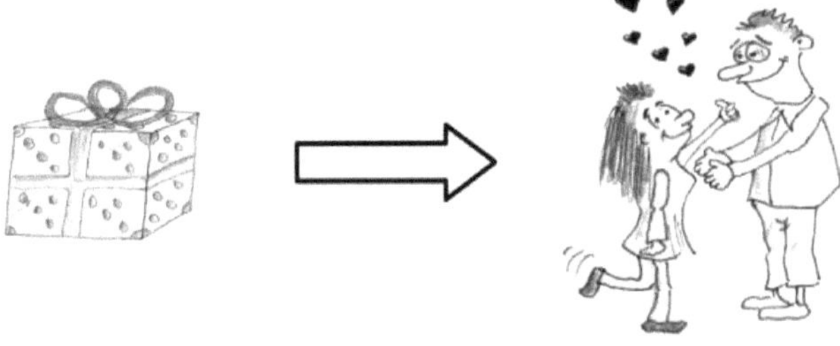

Wenn du glaubst, dass bestimmte Investitionen gut für deinen Wohlstand sind, dann investiere.
Denn dadurch entwickelst du das Bild „Wohlstand“

Das bisher Gesagte gilt für ALLE Lebensbereiche!
Nicht nur für ...

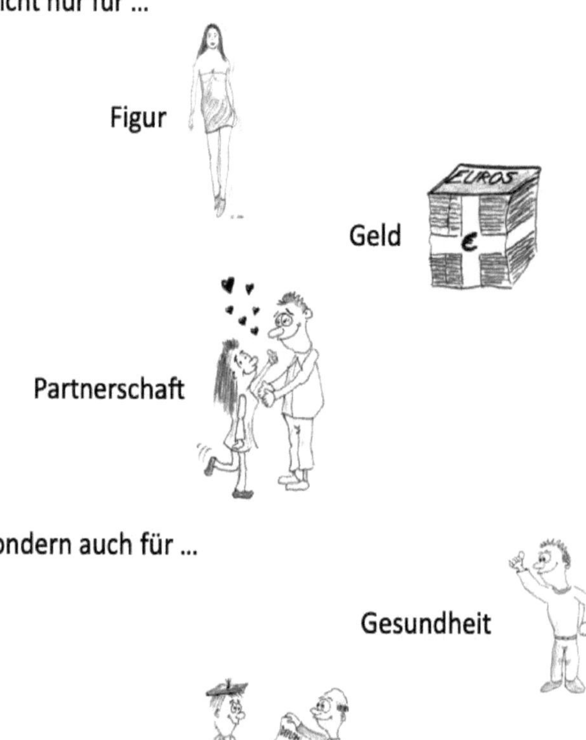

Figur

Geld

Partnerschaft

Sondern auch für ...

Gesundheit

Beruflichen Erfolg

Sportlichen Erfolg

Das bisher Gesagte gilt aber auch für Besitztümer jeder Art.

ALLES was je geschaffen wurde, war zunächst ein Gedanke im Kopf irgend eines Menschen.

Schaffe **DU** dir **DEINE** Welt mit **DEINEN** Gedanken!

Frage:
Wie fühlst du dich jetzt?
(Denn es gibt nichts Wichtigeres, als sich gut zu fühlen!)

Setz dir nur Ziele, die DU gerne haben möchtest.

Achte darauf, wo die Ziele her kommen.

Nur mit **eigenen** Zielen erreichst du auch positive Gefühle, wenn du das Ziel erreicht hast.

Du hast die Wahl!
Du kannst aus allem, was es in dieser Welt gibt, das wählen, was dir am besten gefällt!

Was wählst du???

Stell dir vor, dass alles in einem großen Trichter über dir vorhanden ist.
Alles Gute, aber auch alles Schlechte.

- Wenn wir uns schlecht fühlen, kommen nur die schlechten Dinge.

- Wenn wir uns gut fühlen, kommen nur die guten Dinge

Frage:

Wie fühlst du dich jetzt?
(Denn es gibt nichts Wichtigeres, als sich gut fühlen!)

Viel Glück für dein weiteres Leben!

Und denk daran:
Du bist der Schöpfer deiner eigenen Erfahrungen – durch das was du denkst und somit fühlst!

Also erschaffe dir das Beste, was du sein, tun und haben kannst!
Du hast die Kraft!

Alles Liebe

Printed by Books on Demand GmbH, Norderstedt / Germany